Roman Tieck

Echos der Stille

Vom selben Autor sind erschienen:
Zeit des Sehnens (2021), ISBN 9783754329221
Von Liebe, Leid und Lebenslust (2021), ISBN 9783754372203
Innig zart und selbstverloren (2022), ISBN 9783755796435
Im Schatten der Träume (2022), ISBN 9783756874675
Zwischen Licht und Schatten (2023), ISBN 9783746007083
Zaubergarten der Zärtlichkeit (2023), ISBN 9783758314421

Der Autor (Jahrgang 1950) hat sich als Journalist in Heidelberg im Umgang mit dem Wort geschult. Seine Liebe zur Sprache verbindet er mit der Neigung zur Poesie, die er seit seiner Jugend hegt. Seine gefühlvollen und teils ironischen Gedichte sind von der Neuromantik inspiriert.

Echos der Stille

Gedichte

Roman Tieck

Bibliografische Information der Deutschen Nationalbibliothek: Die
Deutsche Nationalbibliothek verzeichnet diese Publikation in der
Deutschen Nationalbibliografie; detaillierte bibliografische Daten sind
im Internet über dnb.dnb.de abrufbar.

© 2024 Roman Tieck
Titelbild: pixabay/jplenio
Herstellung und Verlag: BoD – Books on Demand, Norderstedt

ISBN: 9783758382376

INHALT

Stille rund um das Jahr

Stille am Lebensabend

Prolog

Garten der Poesie

Wenn die Schönheit erblüht
im Garten der Poesie,
wenn Scharfsinn und Esprit
ein Gedicht versprüht,

wenn in uns'rem Gemüt
es sich anfühlt wie
wundersame Magie
und tief in uns erglüht

ein Lichtstrahl, will eine Welt,
tausendmal reicher als die,
die wir im Alltag erfahren,

und mehr wert als Gold und Geld,
auf Flügeln der Phantasie
sich zauberhaft offenbaren.

Innere Stille

Die Stille in mir

Da ist ein Lärmen in der Welt,
das schrill in meinen Ohren gellt.
Mein Trommelfell will platzen schier,
doch höre ich nur die Stille in mir.

Allenthalben ertönt Geschrei,
herrschen Gezeter und Rechthaberei,
beschimpft man sich in übler Manier,
doch lausche ich nur der Stille in mir.

Selbst wenn in eine Bar ich gehe,
im Stimmengewirr kein Wort verstehe
und jemand klimpert auf einem Klavier,
dann hör' ich einzig die Stille in mir.

In all dem allgemeinen Trubel,
dem Jammern, Grölen und lauten Jubel,
merk' ich, wie ich innerlich frier.
und da ist nichts als Stille in mir.

Doch manchmal kann ich's nicht mehr ertragen.
Dann platzt mir im Getöse der Kragen.
Dann brüll' ich verzweifelt wie ein Stier
und lausche verloren dem Echo in mir.

Schlafwandler

Was das Leben mich lehrt, ist Stille.
Ich gehe durch die Tage
als ein Schlafwandler,
durchmesse sie leichten Schrittes
wie betäubt in Siebenmeilenstiefeln,
die mich von Sonnenaufgang
zu Sonnenuntergang tragen
durch die Weiten des Daseins
hin zum Nichts und zur Unendlichkeit,
die doch beide dasselbe sind.

Mit den Augen der Nacht

Im Gewand der Finsternis
mit den Augen der Nacht
spähend nach den
zerfließenden Schatten
des bleichen Mondes,
verlier' ich mich unter
der Wölbung des Himmels
in den Arkaden
des Schweigens,
bis nichts mehr
ich fühle als die
Unermesslichkeit
des Seins.

Meditativer Moment

Ich lese im Lampenlicht.
Um mich ist alles dunkel.
Ich blicke auf vom Buch,
horche in mich hinein.
Was höre ich?
Stille
Was denke ich?
Nichts
„Gut", denke ich,
senke den Blick
und lese weiter.

Schweigekloster

Seit unsere Liebe zerrann,
lebe ich in einem Schweigekloster.
Kein Wort kommt mehr
          über meine Lippen,
und meine Ohren
          habe ich verschlossen
                    für immer.
Nur weinen, weinen
          tue ich
                    manchmal noch.

Meister der Stille

Ich bin ein Meister der Stille
und ein Magier des Schweigens.
Kein Wort kommt aus mir,
das überflüssig,
und keine Silbe,
die unnötig ist.

Tief in mir ruht
ein dunkles Geheimnis,
fest verschlossen
seit langer Zeit
in einem Tresor des
Vergessenwollens.

Ich rühr' nicht daran
bis zum Tag, da ich gehe.
Und so wird es mit mir
sinken ins Grab
und vermodern
mit meinem Gebein.

Eine uralte Schuld jedoch
wird die Zeit überdauern
und für ewig ungesühnt bleiben.

Tage des Lichts

An Tagen des Lichts
bin ich ein Nichts,
ein flüchtiger Traum
im endlosen Raum

der Sehnsucht, die mich
erfasst und sich
verströmt ins All
als Widerhall

mystischer Klänge
und Sternengesänge,
die lautlos erschallen
in den Hallen

der Ewigkeit
seit uralter Zeit.
Ein stummes Begehren,
welches sie nähren,

lässt fort mich streben
und innerlich schweben
zum Weltensaum.
Ich spüre kaum

die Zeit, die verrinnt,
bis der Abend beginnt,
und der Tag mich sacht
entführt in die Nacht.

Insel des Friedens

Manchmal lebe ich auf einer Insel des Friedens.
Es gibt nichts Schöneres.
Dann gleitet die Welt mit ihrem eitlen Getriebe
wie ein Floß in der Ferne an mir vorbei,
und ihr Geschrei
verhallt in der gelassenen Weite meiner Seele.
Dann breitet sich Ruhe über mein Denken.
Regungslos lausche ich der Stimme der Stille,
tauche die Stirn in die Kühle der Nacht
und erfrische mich am Tau der Gedanken,
die in glitzernden Tropfen,
kostbaren Perlen gleich,
aus der Tiefe des Ahnens
in den Blütenkelch meines Bewusstseins rinnen.

Selbstvergessenheit

Sobald ich frei von Zwängen
bin, die mich bedrängen,
kann ich eine Ruhe genießen,
in der Gedanken sprießen,

die sonst nur verschwommen
und bruchstückhaft zu mir kommen.
Ich tauch' in ein inneres Reich,
in dem ich die Hellsicht erreich',

um die ich vergeblich ringe,
wenn ich tausend Dinge
zu beachten habe.
Sobald ich dann in mir grabe,

taucht Verscholl'nes zuhauf
aus grundlosen Tiefen auf.
Wundersam bin ich befreit
vom Korsett der Zeit

und kann mit Achtsamkeit
den Weg mir bereiten,
hinüberzugleiten
zur Selbstvergessenheit.

Innere Stimme

Da ist eine Stimme in mir,
lästig und aufdringlich,
gibt keine Ruh',
spricht immerzu,
und raunt mir zu,
was ich nicht hören will,
verächtliche, schmachvolle Dinge.

Damit ich zum Schweigen sie bringe,
schrei ich ihr zu:
Sei endlich still!
Doch sie stellt sich taub,
quält und peinigt mich weiter
und bleibt mein steter Begleiter.

Hell

In mir wird es hell,
wenn meine Seele singt.
Ihr Klingen ist ein Quell,
dem tiefe Freude entspringt.

Wenn es sich erhebt
aus der Stille, erbebt
mein Herz und inneres Wesen.
Dann kann mein Geist genesen

von aller Dunkelheit,
von Leid und Bitterkeit.
Ihre Stimme erschafft
mir Mut und Lebenskraft,

so dass ich neu empfinde,
was tief begraben war,
Verlorenes wiederfinde.
Mein Sinn wird licht und klar.

Ja, in mir wird es hell,
wenn meine Seele singt.
Ihr Klingen ist der Quell,
dem all meine Freude entspringt.

Einkehr

Friede kehrt und Stille
ins Reich der Sinne ein.
Besänftigt ist mein Wille
und vom Begehren rein.

So kann mein Geist sich heben,
von aller Last befreit,
frei im Äther schweben,
zum Höhenflug bereit.

Und wenn ich nichts mehr denke,
bloß fühle, dass ich bin,
nichts mehr Beachtung schenke,
und nur den tiefen Sinn

allen Seins erahne
wie in einem Traum
und mir Wege bahne
durch den weiten Raum,

in dem nichts ist als Schweigen
und Versunkenheit,
will ich mich verneigen
vor der Ewigkeit,

vor dem, was immer war
seit Beginn der Zeit
und sein wird immerdar
in Unendlichkeit.

Strudel des Lebens

Im Strudel des Lebens
hoff' ich vergebens
auf Atempausen.

Nur weit, weit draußen
bei unendlich fernen
Sonnen und Sternen
herrscht Frieden und Stille.

Es wäre mein Wille,
ganz ohne Streben
wie sie zu weben
ewige Kreise
auf zielloser Reise.

Doch bleib ich gefangen
im Hoffen und Bangen.

Schatten alter Bäume

Im Schatten alter Bäume
entgleitet mir des Lebens Sinn,
und ausgeträumte Träume
schweben feengleich dahin.

Im Schatten alter Bäume
höre ich innerlich auf zu sein.
In unendliche Räume
zieht mein Geist verklärt hinein.

Im Schatten alter Bäume
hat mein Denken sich ausgeruht.
Indem ich das Hiersein versäume,
fühl' ich, wie wohl das Vergessen tut.

Sinnbild

Ein Blümchen steht am Straßenrand
allein, still, einsam und verkannt.
Blüht unverdrossen vor sich hin,
fragt nicht nach seines Daseins Sinn.

Auch ich bin ja in meinem Leben
oft von Einsamkeit umgeben
und fühl' ich mich dennoch wohl dabei.
Allein zu sein setzt Kräfte frei.

Drum seid willkommen, stille Stunden,
in denen ich oft Trost gefunden,
in denen meiner Seele Wunden
konnten ganz von selbst gesunden.

So lass' ich denn das Blümelein
weiter blühen und gedeih'n,
schließe in mein Herz es ein
als Sinnbild für mein eig'nes Sein.

Nebel der Zeit

Stochernd im Nebel der Zeit,
verlassen und verloren
fühl ich zum Schmerz mich geboren
im Sog der Einsamkeit.

Wolken treiben dahin
Gedankenfetzen verwehen,
Endlose Stunden vergehen
im Tran und ohne Sinn.

Dumpfe Schritte hallen
auf regennassem Asphalt.
Luftschlösser zerfallen.
Träume werden alt,

und die Zeit verrinnt,
die Wirklichkeit entflieht.
Was die Nacht ersinnt,
ist nur das alte Lied.

Zweifel

Da ist eine Stille in mir,
die kann ich kaum ertragen.
Sie erdrückt mich schier,
und tausend Zweifel nagen

an meinem Selbstvertrauen.
Wo nehme ich es her?
Spür' ich doch mit Grauen:
Ich bin im Innersten leer.

Da ist ein Schweigen in mir,
das mich stumm verzehrt.
Warum ich existier',
frag' ich. Was bin ich wert?

Die Antwort bleib' ich schuldig,
denn ich weiß sie nicht.
So wart' ich nur geduldig,
bis einst mein Lebenslicht

erlischt und ich nicht mehr
fragen muss, wohin
ich geh'n soll und woher
mir kommt des Lebens Sinn.

Große Stille

Ich habe aufgehört, die Nacht mit Träumen zu füllen.
Ich habe aufgehört, am Tag meine Sehnsucht zu stillen.
Ich schaue blicklos in des Vergessens weites Land,
wo einst der Spiegel der trügerischen Verheißungen stand.

Ich habe aufgehört, das Dunkel in mir zu lichten.
Ich habe aufgehört, den inneren Streit zu schlichten.
Ich lausche nur noch stumm dem alles umhüllenden Schweigen
verwehter Worte, welche wie Rauch in den Himmel steigen.

Ich habe aufgehört, das Feuer der Hoffnung zu schüren.
Ich habe aufgehört, das Beben des Herzens zu spüren.
Ich wandere nur noch allein durch das Tal der großen Stille
inmitten der Leere, mit der ich all meine Tage fülle.

Stille zwischen Morgengrauen und Mitternacht

Erwachen

Während draußen der Morgen graut
und es auf den Wiesen taut,
horche ich, der ich neben dir liege,
versonnen auf deine Atemzüge,

betrachte mit Andacht dein Gesicht,
das weich sich abhebt im blassen Licht.
Es wirkt ergreifend zart und entspannt.
Ich zeichne es nach mit meiner Hand.

Da blinzelst du und öffnest die Lider.
In deinem Blick spiegelt Freude sich wider.
Lächelnd drehst du den Kopf zu mir hin,
glücklich, dass ich nah bei dir bin.

Ich gebe dir einen hauchzarten Kuss.
Es ist ein vertrauter, intimer Genuss.
Dann nehme ich stumm dich in den Arm.
Dein Körper ist vom Schlaf noch warm.

Du schmiegst deinen Kopf an meine Wange,
und so verharren wir endlos lange,
sprechen kein Wort, sondern träumen uns fort
an einen freundlichen, einsamen Ort,

an dem wir geschieden von dieser Welt
ruhen und keine Sorge uns quält,
wo nichts unsere Tage erfüllt als nur
Freude am Leben und Liebe pur.

Sonntagmorgen

Die Kaffeemaschine röchelt,
die Teller klappern,
die Tassen klirren,
die Messer schaben,
der Teekessel pfeift,
der Toaster klackt,
der Eierkocher fiept,
und über allem schwebt
ein Duft von Kaffee,
Tee, Croissant, Toast und Butter.

Meine Frau kommt zu mir
und hält mir
einen Apfelbutzen unter die Nase.
„Den habe ich auf dem Boden
im Wohnzimmer gefunden",
sagt sie vorwurfsvoll.
Dass er von mir ist,
braucht sie nicht zu sagen.
Das versteht sich von selbst.
„Dafür komme ich in die Hölle",
sage ich.
„Mindestens!",
sagt sie.

Friedvoller Vormittag

Die Hennen gackern, der Hahn lauthals kräht.
Eine weiße Wolke steht
einsam hoch am blauen Himmel,
und von ferne tönt Gebimmel.

Eine Taube friedlich gurrt.
In meinem Arm die Katze schnurrt.
Über mir die Bäume ragen –,
und in mir regt sich ein Behagen

wie ein weiter, stiller See,
spiegelglatt und unbewegt,
an dessen Ufersaum ich steh,
nicht der kleinste Hauch sich regt.

Ein Wohlgefühl nimmt ganz mich ein.
Könnt nicht so mein Leben sein,
frei von aller Erschütterung,
Verzweiflung und Verbitterung?

Ach, ich wünscht' es mir so sehr!
Doch daran zu glauben, fällt mir schwer.

Sudoku

In der größten Mittagshitze
lieber ich im Schatten sitze,
entspann' mich beim Sudoku-Raten,
statt in der prallen Sonne zu braten.

Wenn dann die letzte Ziffer fällt,
gemahnt mich das an eine Welt,
in der die Menschen aller Klassen
wie im Muster zusammenpassen.

Dann gäb's unter ihnen nur Harmonie,
Freundschaft, Friede und Sympathie.
Doch ach, es bleibt ein schöner Traum,
klappt im Spiel, im Leben wohl kaum.

Unter der Kuppel

Auf dem spiegelnden See tanzen
blinkende Reflexionen der Sonnenstrahlen,
und streifen aufblitzend
meine halb geschlossenen Lider.

Abgeschirmt vom Lärm
und der Zudringlichkeit der Welt
in ihrer grellen Banalität
durch eine schimmernde
Glasglocke aus purem Licht,

liege ich, dem Jetzt entrückt,
in kontemplativer Versenkung
und Innenschau
im hohen Gras

und lausche
dem Schweigen
des Alls.

Zufriedenheit

Am Abend, wenn die Sonne sich neigt,
ist es, als ob alles in mir schweigt.
Dann regt sich stille Zufriedenheit
in mir und tiefe Dankbarkeit

für den zu Ende gehenden Tag,
an den ich gerne zurückdenken mag.
Er hat mir Glücksmomente geschenkt,
Freude in mein Herz gesenkt

und manches Schöne mir bereitet,
das mich in die Nacht begleitet.
So lass ich die letzten Sonnenstrahlen,
auf meine geschlossenen Lider fallen,

koste sie, spüre noch etwas von
ihrer Wärme, und lausche dem Ton
der Amsel, die ihr Abendlied singt,
das wie ein Segensspruch in mir klingt.

Abendsonnenschein

Im milden Abendsonnenschein
lieb' ich es, ganz bei mir sein.
Nachdem das Tagwerk ist vollbracht
nutz' ich die Zeit, bevor die Nacht

hereinbricht. Frei von aller Pflicht
bad' ich im späten Sonnenlicht
und spür, wie die Unrast in mir verklingt.
Während von fern ein Vogel singt,

regt sich ein stilles Wohlbehagen,
und ich möchte Danke sagen
für das, was mir heute war beschieden.
Erfüllt von tiefem innerem Frieden,

kann ich nun froh den Tag beschließen
und die Stunden des Abends genießen.
Denn nach all dem Schaffen und Tun
ist endlich die Zeit, um auszuruh'n.

Abendlied

Wenn der Tag zur Neige geht,
am Horizont die Sonne steht
und ihre allerletzten Strahlen
flammend rot den Himmel malen,

breit' ich meine Flügel aus,
schwing' mich hoch und weit hinaus
in den klaren Abendhimmel,
fern von des Tags Lärm und Gewimmel,

und atme tief die reine Luft,
koste ihren frischen Duft,
der alle Enge von mir nimmt
und auf die Freude ein mich stimmt

darüber, dass all meine Nöte
verfliegen mit des Abends Röte,
und was mich eben noch bedrückt,
in endlos weite Ferne rückt.

Von oben richtet sich mein Blick
auch auf manches kleine Glück,
das der Tag mit sich gebracht,
und mich dankbar hat gemacht.

Nun, im Licht der ersten Sterne
betrachtet und aus weiter Ferne
erscheint mir alle Müh' und Plage
wie eine längst vergangene Sage,

ein Wellenschlag im Meer der Zeit,
der sich an viele andre reiht.
Klein wirkt unser Tun und Treiben,
kaum wird etwas davon bleiben.

So geht das Leben still dahin
im Einerlei und hat doch Sinn,
der jedwedem sich erschließt,
der jeden neuen Tag begrüßt

als Angebot zur Feier des Seins.
Lust und Leiden werden dann eins.
Drum kann ich still mich schlafen legen,
denn alles Dasein ist ein Segen.

Abendkühle

Nach des Tages Schwüle
tut die Abendkühle
Geist und Körper wohl,
die noch immer voll

sind von den vielen Eindrücken,
die den Sinn ersticken,
indem ins Bewusstsein sie dringen
und dort um Beachtung ringen.

Meinen Geist zu entschlacken,
alles wegzupacken,
was nur Ballast ist,
und die Kraft auffrisst,

macht den Kopf mir frei.
Des Tags Hast und Geschrei
abfallen zu lassen,
sich innerlich zu fassen,

ist ein stiller Genuss
nach all dem Verdruss,
dem leidigen Gebaren,
das ich habe erfahren.

Wenn die Abendluft
voll von würzigem Duft

dann meine Lungen füllt,
in ihren Hauch mich hüllt,

kann nach des Tags Tretmühlen
ich mich endlich fühlen
von aller Unrast befreit
und zur Muße bereit.

Buddha

Ich höre die Frösche quaken
und das Sirren der Schnaken,
die mich lästig umschwirren.
Von fern dringt Taubengirren

in meine trägen Gedanken.
Vor mir wiegen die schlanken
Pappeln sich schwarz in der Brise
wie Riesen, und ich genieße

das letzte Dämmerlicht,
das durch die Zweige sich flicht,
mich rieselnd wie Tau umfließt
und meine Augen verschließt

vor dem blendenden Glast
des Tages mit seiner Hast
und dem stillen Grauen,
das ich zu verdauen

mich nicht fähig fühle.
In der Abendkühle
wird es mir jedoch leicht,
und die Bedrängnis weicht.

Ich fühle mich wie befreit,
alle Last scheint so weit
entfernt, nur ein Widerhall
der leise verklingt im All.

Was immer mich hat bedrückt,
ist wie Nebel entrückt
in das erlösende Nichts
des langsam schwindenden Lichts.

So sinke ich hinein
in die Schwärze der Nacht,
höre auf, ich zu sein,
werde zum Buddha, der lacht.

Abenddämmerung

Die Abenddämmerung,
wenn hell und dunkel
ineinander verschwimmen,
die Schatten sich verbinden
und ein Hauch von Abschied
sich über die Welt breitet,
ist meine liebste Zeit.

Dann ist es, als verstünde die Natur
den Urgrund meines Wesens,
als spiegle das diffuse Zwielicht,
das sich auf die Erde herabsenkt,
und sie mit seinem
grauen Gazeschleier überzieht,
meine Seelenlandschaft
mit den matten, gedeckten Farben,
in denen sie seit jeher getönt ist.

Dann fühle ich mich unbedrängt
und frei von den Ansprüchen,
die der helle Tag an mich stellt.
So kann meine Seele sich weiten
und mein Geist sich verströmen
in das langsam sich vertiefende Dunkel,
dessen Grenzen
im Nirgendwo zerfließen.

Faust

Abends bin ich gern allein
im Zimmer. Im matten Lampenschein
denke ich nach über dies und das,
über Gott und die Welt, und frage mich, was

der Sinn aller Dinge auf Erden ist,
und was mein Herz am meisten vermisst.
Ich mache Pläne und ziehe Bilanz,
geh' ins Gericht mit dem Mummenschanz

des Weltgetriebes, halte mich fern
von Hohlheit, suche den Wesenskern
meines Daseins und finde doch nicht,
woran es mir vor allem gebricht:

den Schlüssel zu wahrer Herzensfreude.
Mir scheint, dass ich mein Leben vergeude
mit allzu vielen nichtigen Dingen,
anstatt zur Einsicht vorzudringen

in das, was echtes Glück ausmacht.
Lautlos kommt heran die Nacht,
und wie Faust steh' ich da als Tor,
bin keinen Deut klüger als wie zuvor.

Innige Liebe

Der Abend senkt sich übers Land,
zärtlich fasse ich deine Hand,
verschränke meine Finger mit deinen,
und es ist mir fast nach Weinen,

weil das Glück, dich zu berühren
und deine warme Nähe zu spüren,
das Maß an Seligkeit überschreitet,
die mir das Leben je hat bereitet.

Wir gehen schweigend durch die Nacht,
jeder einzig darauf bedacht,
den Einklang der Herzen heraufzubeschwören,
bei dessen Empfindung Worte nur stören.

Es ist diese stille Gemeinsamkeit,
die uns die Gewissheit verleiht,
dass wir jetzt und für alle Zeiten
uns das Geschenk der Liebe bereiten.

Als dann der Mond am Himmel erscheint
und uns in seinem Licht vereint,
wagen wir kaum mehr etwas zu denken,
wollen uns nur aneinander verschenken.

Mondlicht

Voll und hell
thront der Mond im Sternenrund,
wirft seinen Widerschein
als Abglanz ewiger Schönheit auf die Welt.
Seine mattgelben Strahlen
senken sich in meine Seele,
lassen sie erklingen
wie ein Glockenspiel,
von einem sanften Hauch berührt.
Ich möchte sie trinken wie schweren Wein,
mich berauschen an ihrem Frieden.
Tiefe Ruhe umfängt meine Brust
und löscht die sengende Glut
meines verlangenden Herzens.

Sternenlicht

Wenn die Nacht herniedersinkt
mit all den Sternen und der Stille,
wenn Dunkelheit die Welt verschlingt
und nur das Zirpen einer Grille

verloren durch das Schweigen dringt,
mein Geist vom See der Ruhe trinkt,
und alle Unrast leis' verklingt,

dann sickert der Sterne Widerschein
als Licht des Friedens in mich ein.

Beim Anblick der Sterne

Beim nächtlichen Anblick der Sterne,
die in endloser Ferne
einsam ihr Licht verbreiten,
fühl' ich, wie mir entgleiten
die scheinbaren Wichtigkeiten.

Mein Geist schickt sich an, zu schweben,
sich schwerelos zu erheben
in unergründliche Weiten,
will sehnsüchtig sie durchschreiten
mich in ihre Nacht geleiten.

Doch bleib ich benommen stehen,
will nur die Sterne ansehen,
die mich zum Träumen verleiten,
vergesse Orte und Zeiten,
will Schlaf meiner Seele bereiten.

Misston

Im Schweigen der Nacht,
in der nur die Sterne
geheimnisvoll tönen
und widerhallen als Echos im All,
verstummt meine innere Stimme.

Jeder Gedanke,
und wenn er noch so verschwiegen
in mir laut würde,
wäre ein Misston in der
Reinheit der Klangsphäre,
die mich überwölbt.

Versunkenheit

Nachts in stiller Versunkenheit,
Ruhe und tiefer Traumtrunkenheit
wird es mir wunderbar leicht.
Die Anspannung in mir weicht,

und während die Zeit verstreicht
im Stundenglas, das nicht reicht,
ihre Dauer zu messen,
kann ich die Welt vergessen,

das Schwere leichthin ertragen
und im Geiste wagen,
den Knoten zu durchschlagen,

der mich gefesselt hält,
so dass alles ab von mir fällt,
was mir das Dasein vergällt.

Stern der Nacht

Stern der Nacht, mit silbrigem Schein
strahlst du so hell und licht und rein!
Du sollst für immer mein Tröster sein.

Ich bin bloß ein armer Wicht,
nicht einmal ein kleines Licht.
In mir spüre ich kein Funkeln,
dort liegt alles nur im Dunkeln.
Allenfalls ein trübes Schimmern
glimmt ganz tief in meinem Innern.

An dir würd' ich mich gern entzünden,
mich brüderlich mit dir verbünden
als scheues Licht, das in der Nacht
vereint mit dir hinieden wacht.

Doch bliebe es nicht lang bestehen,
müsst' am End' mit mir vergehen,
nach kurzer Frist mit ihren Mühen
allzu bald wieder verglühen.

Du warst schon, als ich noch nicht war
und wirst noch scheinen mild und klar,
wenn ich kein Gedicht mehr schreib',
weil längst vermodert ist mein Leib.

Nachts am Strand

Der Sand gibt unter meinen Schritten
knirschend nach. Ich bin inmitten
der nächtlichen Stille wie betäubt.
Während der Wind die Gischt zerstäubt,
ist nichts mehr in mir, das sich sträubt,

in die Magie der Nacht zu sinken,
da über mir die Sterne blinken
in des Himmels endloser Weite,
unter der ich leichtfüßig schreite
und meine Gefühle wie Arme ausbreite.

Schmatzend belecken den Sand die Wellen,
während in mir Gesänge anschwellen,
die schon so lange ich nicht mehr vernommen.
Einst aus mystischer Tiefe gekommen,
sind sie im Strom der Jahre verschwommen.

Nun lassen plötzlich sie wieder sich hören,
um raunend mich erneut zu beschwören.
Widerstandslos geb' ich mich ihnen hin,
lausche ihrem verborgenen Sinn
und träum', dass ich nie geboren bin.

Stille
rund um
das Jahr

Schnee über Nacht

Es ist der Schnee gefallen
lautlos über Nacht,
und staunend sind wir verfallen
dem Wunder der weißen Pracht.

Sanft hat er zugedeckt
Dächer, Gärten und Gassen,
alles Gemeine versteckt
und unwirklich scheinen lassen.

Feierliche Stille
legt sich über die Welt,
die unter der weichen Hülle
verzaubert den Atem anhält.

Freude erfüllt die Herzen,
ein Schimmer von Wärme und Glanz.
Vergessen sind die Schmerzen,
und, was versehrt war, wird ganz.

Frischer Schnee

Am Morgen ist die Erde weiß,
begraben unter frischem Schnee,
der über Nacht sich sacht und leis'
auf alles gelegt hat, und ich geh'

ehrfürchtig durch die glitzernde Pracht,
die mich verzaubert und staunen macht.
Unberührt breitet vor mir eine Welt
voll Reinheit und Unschuld sich aus und hält

ein Sinnbild der Schönheit für mich bereit.
Verflogen ist alle Beklommenheit
in meinem Sinn.
Ich schaue und bin
durchdrungen von Demut und Dankbarkeit.

Schneetreiben

Sacht segeln Flocken vom Himmelszelt
– weiß und weißer wird die Welt –,
erwärmen Herz mir und Gemüt,
wo lang kein Funke mehr geglüht.

Lautlos liegt die Landschaft da,
einsam knirschen meine Schritte
in des weißen Taumels Mitte,
und das Glück, es ist ganz nah!

Stärker wirbeln nun die Flocken,
wollen mich zum Tanz verlocken.
Ach, wie wird es mir so leicht,
und des Daseins Jammer weicht!

Winteridylle

Sich kräuselnder feiner Rauch
steigt auf ins Himmelsblau.
Die Luft steht still. Kein Hauch
regt sich, und ich schau'

verzückt auf die weiche Decke,
die über die Welt sich gebreitet
und Haus und Garten und Hecke
in blendendes Weiß hat gekleidet.

Wie friedlich ist doch dieses Bild
vor dem ich ergriffen steh'!
Er stimmt mich heiter und mild,
wie überall glitzert der Schnee.

Wintertristesse

Der Himmel ist grau und verhangen.
Wo einst die Vögel sangen,
herrscht nun weit und breit
Stille und Einsamkeit.

Im Nebel nur schwarze Krähen
krächzend Kreise drehen,
als seien sie finstere Boten
vom Schattenreich der Toten.

Und kahle Bäume recken
die nackten Äste wie Stecken
empor ins düstere Grau.
Der Wind weht eisig und rau.

Bedrückt ist auch mein Gemüt,
das keinen Funken mehr sprüht,
das ganz in Trübsinn versinkt,
vom Becher der Schwermut trinkt.

Doch wieder wird Frühling sein.
Dann werden Feld und Rain
erstrahlen in frischem Grün
und neuerlich Blumen blüh'n.

Dann wird auch mein Sinn sich beleben
und aus der Erstarrung erheben,
zu lichteren Höhen streben
und Netze der Hoffnung neu weben.

Schneeglöckchen

Schneeglöckchen läuten den Frühling ein.
Zwar ist ihr Ton wie ein Flüstern so fein,
Doch erklingt er auf allen Fluren,
hinterlässt in den Herzen Spuren,
die uns vom Trübsinn des Winters befrei'n.

Trotzig recken ihr zartes Häubchen
aus dem Schnee sie, und nickend wie Täubchen
lassen sie ihren Blütenkelch baumeln,
ihn fröstelnd in der Winterluft taumeln.

Indem sie sich aus der Erstarrung erheben,
in welche die Kälte alles zwang,
feiern sie das erwachende Leben
und künden mit ihrem zarten Klang
vom Kommen des Lichts, nach dem alle streben.

Vorbei

Der Winter ist vorbei.
In der Luft
weht ein Duft
nach Frühling und nach Mai.

Endlich bin ich frei
und ledig von
des Winters Fron
und dunkler Tyrannei.

Auf mir lag wie Blei
sein hartes Joch.
Wie wünsch' ich doch,
dass wieder Sonne sei!

Ich sehne sie herbei,
dass sie scheine
und vereine,
was in mir war entzwei.

Sommertag

Flirrend steht die Luft.
Kein Hauch regt sich,
nichts bewegt sich.
Schwerer Rosenduft

hüllt mich süßlich ein.
In Sonnenstrahlen
sich zu aalen –
was kann schöner sein?

Blau das Firmament!
Bienen summen,
Käfer brummen,
und die Sonne brennt.

Schmetterlinge gaukeln
über Wiesen.
Blumen sprießen.
Lass die Seele schaukeln!

Zeit scheint still zu steh'n.
Will nichts denken,
mich versenken,
nur den Himmel seh'n.

Elegie

Wenn die Rosen verblühen
und die Blätter fallen,
werden all meine Mühen
wie ferne Gesänge verhallen.

Dann ist der Sommer gegangen,
der mir die Rosen gab,
und mit ihm mein Verlangen
und was ersehnt ich hab.

Dann ist die Zeit, stillzuhalten,
und in die Tiefe hinab
zu schauen, wo die alten
Träume verwelken im Grab.

Trauer

In diesen Tagen
nicht zu verzagen,
sie zu ertragen
ohne Klagen,
fällt nicht leicht.

Nebel streicht
über Wiesen,
und Tränen fließen
stumm herab
auf ein Grab,
auf dem ein Licht
von Liebe spricht.

Nieselregen
weht mir entgegen
ins Gesicht.
Ich spür' ihn nicht.

Da war ein Leben
uns gegeben
und ist nun fort,
davongegangen
an einen Ort,
wohin kein Wort
mehr kann gelangen.

Nebel treibt
leichenfahl
durch das Tal.
Alles, was bleibt,
ist das Gedächtnis
als stilles Vermächtnis.

Spätherbst

Grabesstille liegt über dem Garten –
nichts bewegt sich,
kein Hauch regt sich –,
als würde das Leben den Tod erwarten.

Schwermut nistet in den Bäumen
mit kahlen Zweigen,
die sich neigen,
als würde das Leben vom Abschied träumen.

Am Himmel glimmen schimmernd die Sterne.
als hielten sie Wacht
über der Nacht
und lockten die Seele in die Ferne.

Düstere Schatten

Herbstlich färbt sich der Wald.
Vorbei sind die sonnigen Tage,
die mich mit Freude erfüllten und
mit der Hoffnung Keim.
Nebel fallen bei Nacht nun,
und weiße, dunstige Schleier
hüllen den Morgen ein.
Düsternis herrscht selbst am Tag.

Wolkenfetzen jagen,
vom Wind gehetzt, in die Ferne.
Wer kann sagen wohin?
Müde blick' ihnen ich nach.
Wo sind die Träume geblieben,
die ich im Sommer gesponnen?
War'n sie nur leerer Wahn,
von der Sehnsucht gezeugt?

Ach, ich weiß es nicht.
Ich seh' nur die wandernden Schatten
draußen im trüben Licht,
die ins Dunkel entflieh'n.
Innerlich fühl' ich, wie schleichend
die Lebensgeister ermatten,
Wann wird wohl davon
mein bleicher Schatten zieh'n?

Zwischen den Jahren

Die stillen Tage zwischen den Jahren
sind eine Zeit zum Innehalten
und um sich zu fragen, was vom alten
Jahr uns beglückt hat und was wir bewahren

wollen für unser weiteres Leben.
Es ist eine Auszeit, die wir uns schenken,
um uns zu besinnen und nachzudenken
über das, was wir ernsthaft erstreben.

Diese Tage, die uns erheben,
aus dem alltäglichen Tun und Treiben,
in denen wir nah bei uns selber bleiben,
sind's, die uns Kraft für's neue Jahr geben.

Stille
am Lebensabend

Lähmung

Alle Dinge sind in Schwebe,
als hielten sie den Atem an,
als ob es nurmehr Stillstand gäbe,
und kein Zauber löst den Bann.

In Trance versunken ist mein Leben,
weit entrückt und wie benommen,
erloschen das unstete Streben,
die Feuer, die einst in mir glommen.

Mein Wesen ist zu Stein erstarrt,
und still steht der Lauf der Zeit,
derweil mein Geist betäubt verharrt,
berührt vom Hauch der Ewigkeit.

Erinnerungen, florverhangen,
zu bloßen Schemen sind verblasst.
Mein Tun und Denken ist gefangen
in Reu' um das, was ich verpasst.

Die Jahre sind dahingeflossen,
mit ihnen all mein Herzensblut.
Ich hab es für vieles umsonst vergossen.
Wie wohl am Ende das Schweigen tut!

Fruchtlos

Ich gebe dem Leben die Chance,
zu beweisen, dass es
nicht sinnlos ist.
Doch wie viel Zeit
räume ich
ihm dafür ein?
Welche Deadline
setze ich ihm?
Und wenn es die Frist überschreitet,
mache ich dann Ernst
und ziehe die Konsequenzen?
Fragen, über die ich
in stillen Stunden
fruchtlos grüble.

Verglimmen

Die Tage sind für mich zu Stunden geworden.
Ich blättere sie um wie Buchseiten
und reiße sie ab wie Kalenderblätter.
Kaum begonnen, sind sie vorüber,
leere Zettel, verweht vom Windhauch der Zeit.

Ich erledige dies und das,
manches ist neu, doch vieles bleibt gleich
wie die Zeitung am Morgen und die Angst am Abend:
Fixpunkte, über den Tag verteilt,
und Taktstriche in der Partitur meines Lebens.

Ich hangele mich von einem zum anderen,
und fülle die Lücken dazwischen
mit Tätigkeiten, die ich verrichte
ohne Gedanken an sie zu verschwenden
oder mich später an sie zu erinnern.

Und doch genieße ich dieses Leben.
Es ist ein schwereloses Schweben
im Niemandsland zwischen Sein und Tod,
ein sanftes Hindämmern im schwindenden Rot
der Abende vor der letzten Not.

Im Wartesaal des Todes

Ich sitze im Wartesaal des Todes
und weiß: Er wird kommen,
auch wenn kein Fahrplan angibt, wann –
wohl nicht morgen, aber ich sehe schon
seine Silhouette am Horizont.

Ich sehe ihn und fürchte mich nicht.
Denn er wird ein Freund sein.

Noch trinke ich gierig vom Kelch des Lebens,
doch schmeckt er schaler mit jedem Schluck.
Noch gibt es Wunder, die mich beglücken,
doch ihr Zauber verblasst im Rinnsal der Zeit.

Meine Tage kreisen
nur noch endlos wie Wirbel um sich
und erschöpfen sich dabei
im immer Gleichen.

Und so sitze ich im Wartesaal des Todes
und warte auf ihn.
Geduldig.
Denn ich will ihn
würdig empfangen.

Saum der Nacht

Wenn der Saum der Nacht
deine Seele berührt,
hast du das vollbracht
und zu Ende geführt,

was dir zugedacht war.
Ach, wie sonderbar
waren die dunklen Pfade,
verschlungen, verzweigt, nie gerade,

die du traumhaft gegangen,
getrieben von dem Verlangen,
nur du selbst zu sein,
dich deiner Wahrheit zu weih'n.

Das Irren auf Abwegen ist nun zu Ende,
ausgeträumt der Lebenstraum.
Alles Vergangene ist Legende.
Vor dir dehnt sich der weite Raum

der Ewigkeit.
Ihn zu durchschreiten, sei bereit!

Schweigen

Wenn die Nebel steigen,
breitet sich das Schweigen
wie ein Leichentuch,
das ich nicht verfluch',
sondern sehnlich such',
über meine Seele,
und ich zähle
nicht die Sekunden
oder Stunden,
die verrinnen.
Mit müden Sinnen
horch' ich auf die Stille.
In mir ist kein Wille.
Ich tauche in die Leere,
empfinde ihre Schwere,
geh' in ihr Dunkel ein
und will nicht länger sein.

Wohlgetan

Wenn nachts die Sterne funkeln
und unsichtbar im Dunkeln
ein Käuzchen schreit,
dann ist die Zeit,

den Sinn zu weiten,
hinabzugleiten
in der Seele Reich,
die wie ein tiefer Teich

das Dunkel widerspiegelt
und in der versiegelt
das Vergangene ruht.
Ja, es tut dir gut,

dein Inn'res zu erkunden,
was du an Schmerz empfunden,
und was an alten Wunden
du nicht hast verwunden,

von neuem zu betrachten
und für nichts zu achten
all den verfloss'nen Gram,
die Bitternis und Scham.

Vergiss, was dich überkam
und dir die Freude nahm.
Nimm dich einfach an:
Alles war wohlgetan.

Seelenfrieden

Es ist ein Zustand hinieden
mir zum Trost beschieden.

Er schenkt mir innere Ruhe
in allem, was ich tue,
gibt meiner Seele Halt
in einer Welt der Gewalt,

schützt mich vor dem Bösen
und des Schicksals Stößen,
hält vor mir verborgen,
was mich drückt an Sorgen,

lässt mich lieber rasten
als durch's Leben hasten,
und hilft mir dabei,
dass ich froh und frei

meine Tage beginne,
Heiterkeit gewinne
und mir an ihrem Ende
getrost den Segen spende.

In aller Bedrängnis hienieden
ein Heilmittel ist uns beschieden,
und das heißt Seelenfrieden.

Epilog

Dichters (Alb-)Traum

Bevor ich fahre in die Gruft,
malt mir mein nimmermüder Geist,
der denken mich und dichten heißt,
ein Menetekel an die Wand,

dass all das, was ich schuf, verpufft,
wie Wasser sich verläuft im Sand
und auflöst sich in heiße Luft.
Was ich mir schmerzlich abgerungen,

was in mir wie ein Schrei geklungen,
meiner Seele stille Labe,
trägt man all das mit mir zu Grabe?
Es ist wohl zwar der Lauf der Welt,

dass nichts, was da ist, ewig hält.
Nur ist wie Chinas Große Mauer
doch einiges von langer Dauer.
Ob auch mein Wort wohl dazu zählt?

Ich weiß es nicht und kann nur hoffen,
dass, was ich schrieb mit Herzensblut,
dereinst in manchem Herz noch ruht.
Es fällt der Vorhang, Ausgang offen.

Titelverzeichnis